MADRID

1.º ESO -3

Ciencias Sociales, Geografía e Historia

Luis Tornamira,
Flora Ayuso,
José A. Hernández
y Marina Requero

Las actividades de este libro deben ser realizadas por el alumno en un cuaderno. En ningún caso deben realizarse en el mismo libro.

akal

ÍNDICE

VOLUMEN 1

VOLUMEN 2

VOLUMEN 3

Comunidad de Madrid

La región de Madrid se sitúa aproximadamente en el centro de la Península. Es, desde tiempos prehistóricos, un lugar de paso, al situarse al sur de la confluencia de los tres puertos que permitían atravesar la Cordillera Central. Esa circunstancia, unida a la abundancia de agua que proporcionaba su extensa red hidrográfica, explica que fuera poblada desde tiempos prehistóricos muy remotos, un poblamiento que continuó en época romana, al atravesar el territorio algunas de las principales calzadas de Hispania.
Hoy, la capitalidad del Estado ha convertido a la ciudad de Madrid en la más poblada del país, y ha determinado en buena medida las características de la Comunidad: densidad demográfica, predominio del tejido urbano sobre el poblamiento rural y un desarrollo económico que ha transformado radicalmente el paisaje natural, hasta hacerlo casi desaparecer, salvo en la zona de las sierras.

Llámase este pueblo Madrid [...]. Este nombre es arábigo y quiere decir en nuestro castellano «lugar ventoso de ayres subtiles y saludables, de cielo claro, y sitio y comarca fértil».

JUAN LÓPEZ DE HOYOS, 1569.

La Gran Vía de Madrid.

13

1 El medio físico (I): el relieve y la red fluvial

1.1. Principales unidades de relieve

La Comunidad Autónoma de Madrid se localiza en el centro geográfico de la Península. Forma parte de la Submeseta Sur y su altura media sobre el nivel del mar se sitúa sobre los 660 metros.

La Comunidad de Madrid presenta una forma más o menos triangular y comprende dos grandes áreas, desde el punto de vista morfológico:

- **Las sierras.** Forman un eje nordeste-suroeste, el Sistema Central, y están constituidas por rocas graníticas y metamórficas. Su origen reside en las fracturas del antiguo zócalo que forma la Meseta. Destacan tres áreas bien diferenciadas: Somosierra, al norte; Guadarrama, en el centro de la alineación; y Gredos, hacia el suroeste. La sierra de Guadarrama incluye el Pico de Peñalara, el más alto de la Comunidad (2.430 metros).
- **Las llanuras.** Cubren el resto de la Comunidad. Desde la sierra se sucede primero una zona de suaves pendientes, un amplio territorio formado por llanuras, las vegas del Tajo y sus afluentes, y, hacia el sureste, una zona de páramos, con pequeñas elevaciones.

1.2. La red fluvial y lacustre

La Comunidad de Madrid se inserta en el **valle del Tajo,** en su vertiente norte. Este río, el más largo de la Península, nace en el Sistema Ibérico y tras un corto recorrido entra en el territorio de la provincia, que recorre en su zona sur.

Su **cuenca** es muy **irregular,** porque casi todo su caudal lo aportan **los ríos de la vertiente norte,** que nacen en las sierras madrileñas. Los más importantes son:

- El **Jarama,** con una amplia red de afluentes que incluye el Henares, el Tajuña y el Manzanares.
- El **Guadarrama,** que nace en la sierra del mismo nombre y desemboca en el Tajo, ya fuera del territorio madrileño. Su caudal es escaso e irregular.
- El **Alberche,** que recorre el extremo suroccidental de la Comunidad.

Además de las redes fluviales, existen algunas lagunas glaciares en las zonas de montaña, entre las que destaca la laguna de Peñalara, en el término de Rascafría.

Laguna de Peñalara, Rascafría.

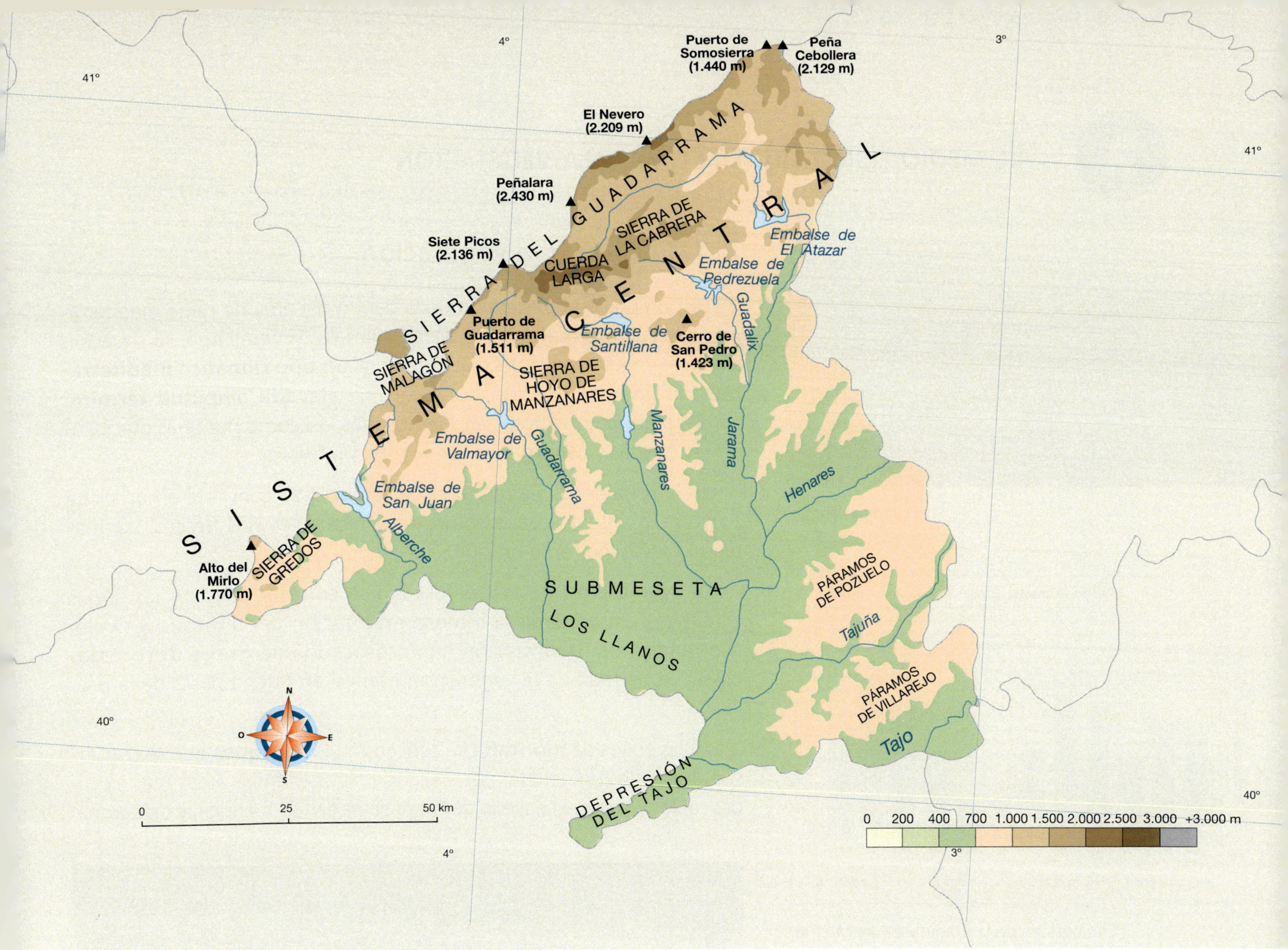

Relieve y red fluvial de la Comunidad de Madrid.

Actividades

1 Sitúa geográficamente la Comunidad de Madrid. Desde el punto de vista morfológico, ¿qué áreas comprende?

2 Nombra y sitúa las áreas que forman el Sistema Central. ¿Cuál es el pico más alto de la Comunidad? ¿Dónde se encuentra?

3 Copia y completa en tu cuaderno el siguiente esquema de la red fluvial de la Comunidad de Madrid.

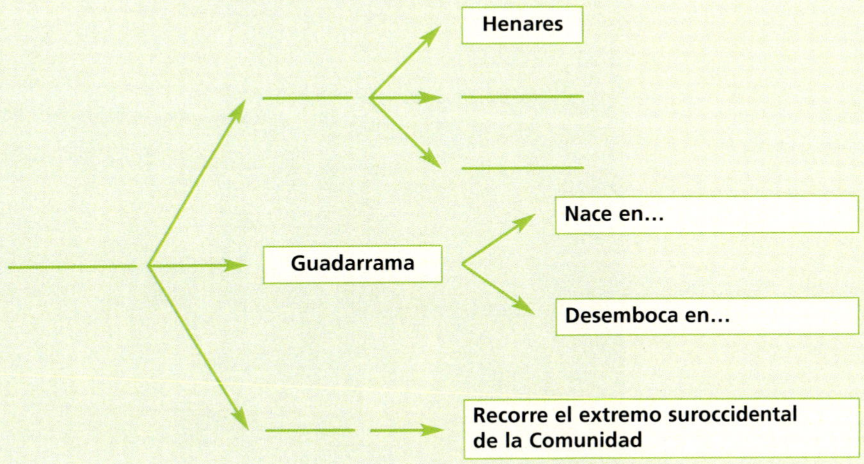

2 El medio físico (II): el clima y la vegetación

Encinar de El Pardo.

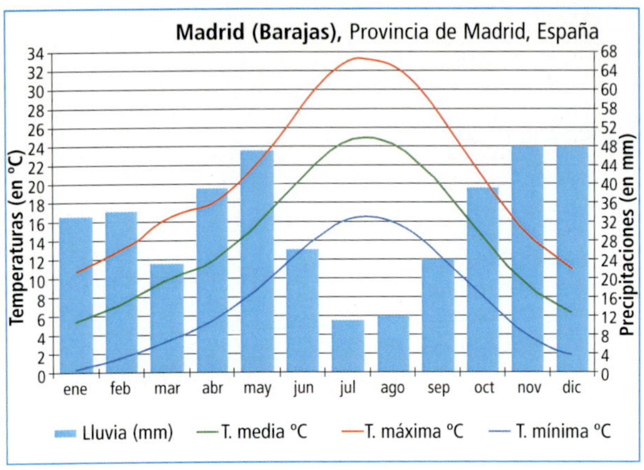

Climograma de la Comunidad de Madrid.

2.1. El clima y la vegetación

La Comunidad de Madrid queda dentro del área de clima mediterráneo que cubre la mayor parte de la Península. Sin embargo, su situación en altura y muy alejada del mar determina **un tipo climático mediterráneo-continental.** Se caracteriza por una **elevada amplitud térmica,** con veranos muy calurosos e inviernos fríos, así como por unas precipitaciones escasas y concentradas en la estación fría.

En la zona de las sierras, el clima cambia y se convierte en un clima suave de montaña, con inviernos muy fríos y veranos frescos, además de un mayor índice de precipitaciones.

La **vegetación** de la Comunidad se corresponde con las zonas climáticas. En general, la intensa explotación del territorio y el elevado índice de urbanización han provocado una **grave deforestación** y la pérdida de la vegetación natural en buena parte de la provincia.

En las zonas de **montaña** se concentran los **bosques** que se conservan, formados en general por encinas y pinos, y en las áreas más elevadas robles y hayas. El hayedo de Montejo es el más meridional de Europa.

Hayedo de Montejo.

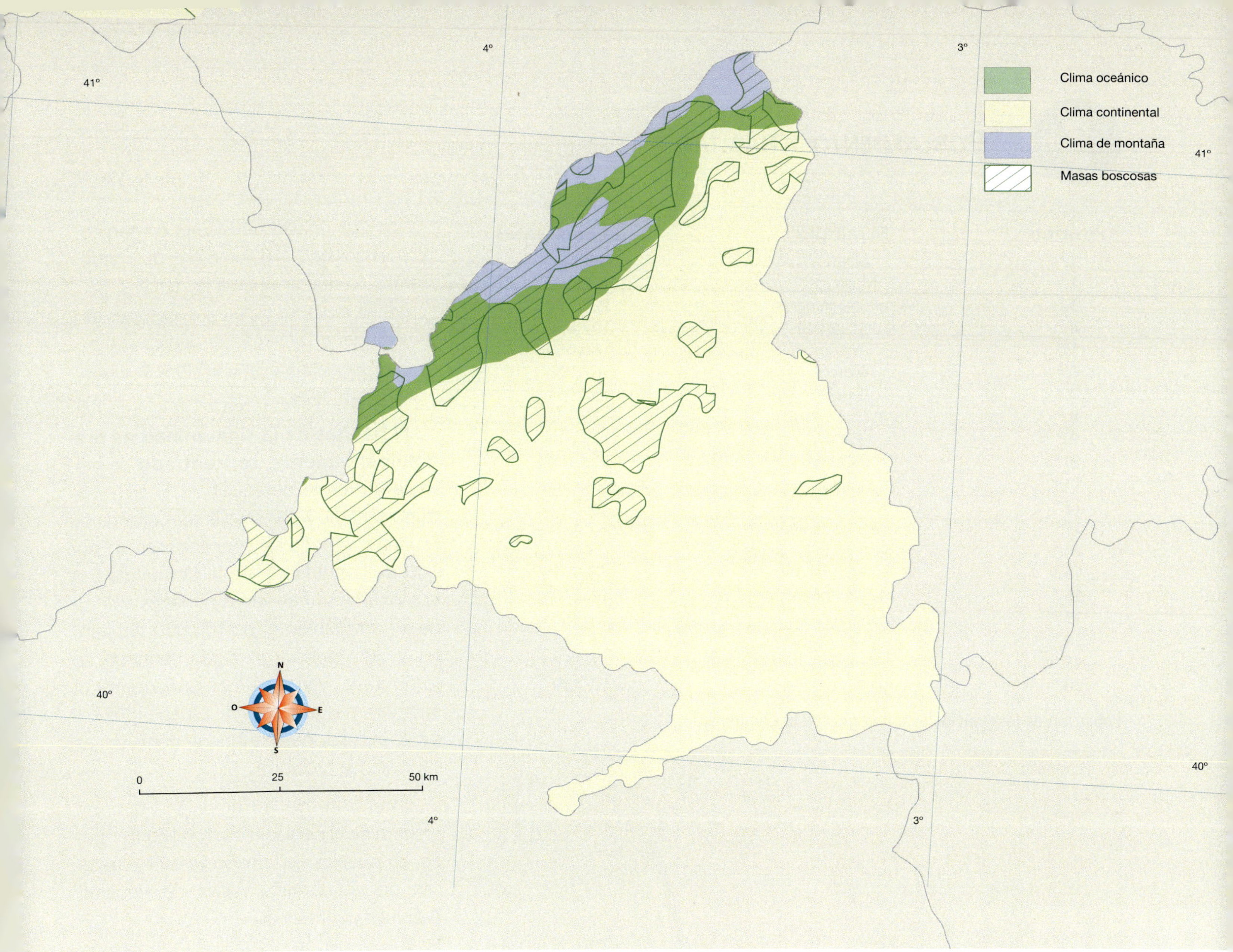

Clima de la Comunidad de Madrid.

También se encuentran áreas de bosque en las riberas de los ríos (fresnos y chopos, sobre todo) y en lugares protegidos, como el encinar del Monte de El Pardo.

En el resto de la región, la vegetación natural es la **estepa mediterránea,** formada principalmente por retamas, esparto o tomillos.

ACTIVIDADES

4 ¿Qué clima es el más característico de la Comunidad de Madrid? ¿Por qué? Describe este clima.

5 ¿Qué consecuencias ha tenido la explotación del suelo para la vegetación? ¿Cuál es la vegetación natural de la estepa mediterránea?

6 Nombra los árboles que podemos encontrar en:

- Los bosques de las zonas de montaña.
- Las áreas más elevadas.
- Las ribera de los ríos.
- El Monte de El Pardo.

3 POBLAMIENTO Y HÁBITAT

Posición	Municipio	N.º de habitantes
1.º	Madrid	3.255.944
2.º	Móstoles	206.478
3.º	Alcalá de Henares	204.574
4.º	Fuenlabrada	197.836
5.º	Leganés	186.066
6.º	Alcorcón	167.967
7.º	Getafe	167.164
8.º	Torrejón de Ardoz	118.162
9.º	Parla	115.611
10.º	Alcobendas	109.104
11.º	Coslada	90.280
12.º	Las Rozas de Madrid	86.340
13.º	Pozuelo de Alarcón	82.428
14.º	San Sebastián de los Reyes	75.912
15.º	Rivas-Vaciamadrid	68.405
16.º	Majadahonda	68.110
17.º	Valdemoro	62.750
18.º	Collado-Villalba	55.027
19.º	Aranjuez	54.055
20.º	Arganda del Rey	51.489

Población de los principales municipios de la Comunidad.

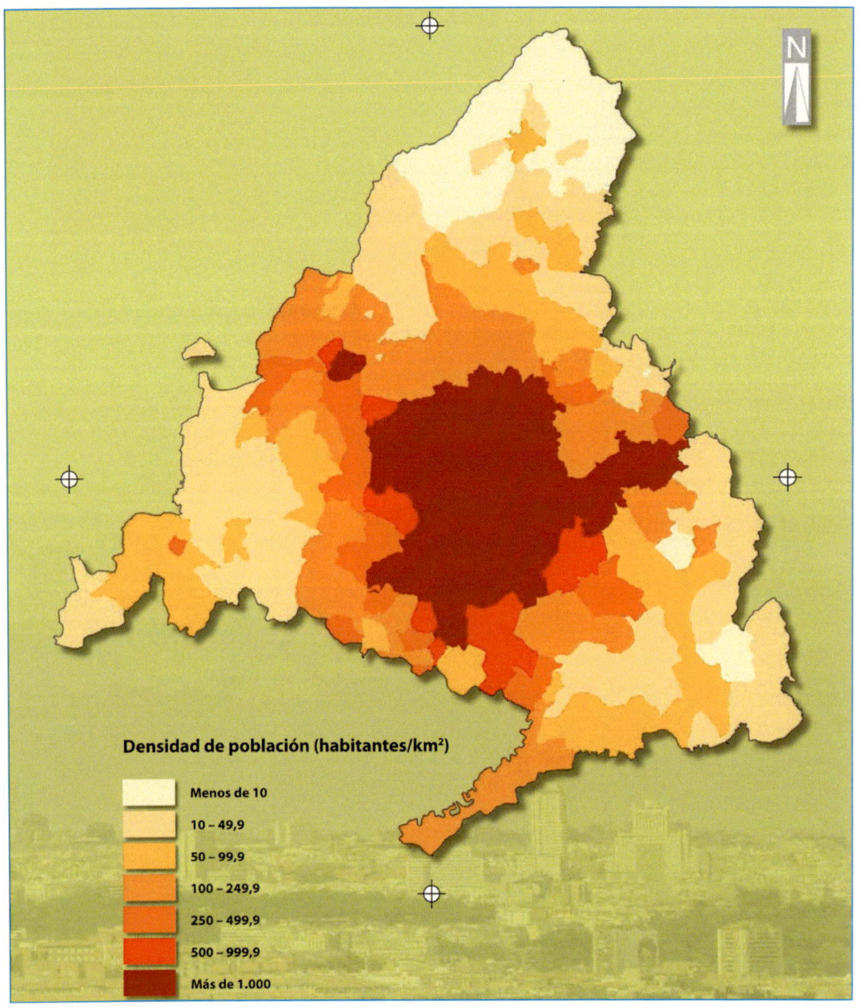

Mapa de densidad de población de la Comunidad de Madrid.

La Comunidad de Madrid contaba a comienzos de 2010 con 6.445.000 habitantes, lo que la situaba en tercer lugar entre las regiones españolas, después de Andalucía y Cataluña. La densidad media es elevada (803 hab./km^2), aunque es muy variable.

El hábitat de la Comunidad es predominantemente concentrado y presenta un fuerte desequilibrio. El área metropolitana de Madrid es la más grande de España y en ella se concentra el 90 por 100 de la población de la Comunidad. A la capital se suman varias ciudades que superan ampliamente los 100.000 habitantes y que forman un tejido continuo en torno a ella. Varias de esas ciudades están entre las más pobladas de España, por encima, incluso, de una buena parte de las capitales de provincia.

En el resto de la Comunidad también predomina el poblamiento rural concentrado, en pueblos de tamaño variable. Destacan por su tamaño Alcalá de Henares, Aranjuez y El Escorial.

El hábitat rural apenas existe ya. Se limita a pequeños pueblos de los páramos del sureste y a áreas de poblamiento disperso de la llamada *sierra pobre,* en la zona de Somosierra.

En una parte importante de la región aparece un **hábitat mixto.** Se trata de antiguos enclaves de hábitat rural en los que en los últimos años se han construido nuevas áreas residenciales que se han destinado a la población que trabaja en el área metropolitana y no puede pagar los altos precios de la vivienda.

En las poblaciones próximas a Madrid de las zonas norte y oeste y en los pueblos de la sierra, además, han surgido muchas urbanizaciones que constituyen segunda vivienda de tipo vacacional para la población madrileña y que han transformado por completo el hábitat rural tradicional.

La población empadronada en la Comunidad de Madrid supera los 6,36 millones de personas

La población empadronada en la Comunidad de Madrid superó los 6,36 millones de personas a 1 de enero de 2009, tras un aumento en 88.603 individuos respecto a la misma fecha del año anterior, según el avance del padrón publicado hoy por el Instituto Nacional de Estadística (INE).

En concreto, a principios de 2008 vivían en la región 6,27 millones de personas, lo que supone un incremento poblacional del 1,4 por ciento en el último año, el segundo mayor de España tras Cataluña, donde se registraron 103.345 ciudadanos más.

En cuanto a la población extranjera en la Comunidad de Madrid, a 1 de enero de este ejercicio había empadronados 1,04 millones de foráneos, el 16,4 por ciento del total de la población y un 3,8 por ciento más que el año anterior, tras el registro de 37.752 nuevos inmigrantes en el padrón.

En este capítulo, la Comunidad de Madrid fue la tercera en incremento de la población extranjera, tras Cataluña (80.402) y Andalucía (44.814), y por debajo de la media nacional, donde el incremento fue del 6,3 por ciento, con 329.929 inmigrantes.

Artículo de prensa sobre la población de Madrid. *Diario Madrid,* 3 de junio de 2009.

Actividades

7 ¿Cuáles son las tres comunidades más pobladas de España? Además de Madrid, ¿qué otras poblaciones destacan por el número de sus habitantes?

8 ¿A qué denominamos «hábitat mixto»? ¿Dónde podemos encontrar todavía hábitat rural en la Comunidad de Madrid?

9 ¿Dónde se concentra el 90 por 100 de la población de la Comunidad? ¿Cómo ha cambiado el hábitat rural tradicional de las zonas norte y oeste próximas a Madrid?

1. Cueva de Pinilla del Valle.
2. Cueva del Reguerillo.
3. Castro del Pontón de Oliva.
4. Fuente el Saz del Jarama.
5. Santorcaz.
6. Cerro del Ecce Homo.
7. Las Matillas.
8. Minas de Casa Montero.
9. El capricho de la Alameda de Osuna.
10. Poblado de Cantarranas, Ciudad Universitaria.
11. Arenero de San Isidro.
12. Arenero de Delicias.
13. Valdocarros.
14. Arenero de Áridos.
15. Poblado de Gózquez de Arriba.
16. La Capellada.
17. Cuesta de la Reina.
18. Casas rupestres de Tielmes.
19. Cueva de Pedro Fernández.

4.1. El Paleolítico en la región madrileña

En la época prehistórica, la **zona norte del valle del Tajo** era una región fértil, con una fauna y una flora ricas. En ella existen **numerosos yacimientos del Paleolítico y del Neolítico.**

Los principales hallazgos se han encontrado en las cercanías del Manzanares y del Jarama, dos ríos que hace cientos de miles de años tenían mucha más agua, con la que se fueron formando una serie de llanuras fértiles, las *terrazas.* En ellas han aparecido gran cantidad de restos de animales, como bisontes, elefantes, hipopótamos, asociados a útiles prehistóricos. Al parecer, se trataba de campamentos temporales, que se abandonaban cuando se acababa la caza.

No quedan restos humanos del **Paleolítico Inferior,** aunque sí son abundantes los **restos líticos,** como hachas. Entre los yacimientos más importantes están los de San Isidro, Villaverde y Vallecas. También se han encontrado restos en la reciente remodelación de la carretera M-30.

Villaverde. Hacha de talón y anillas. Estación de Transformadores. Bronce final, 1200-800 a.C.

Villaverde. Hacha. Arenero María del Socorro. Paleolítico Inferior, 250.000-150.000

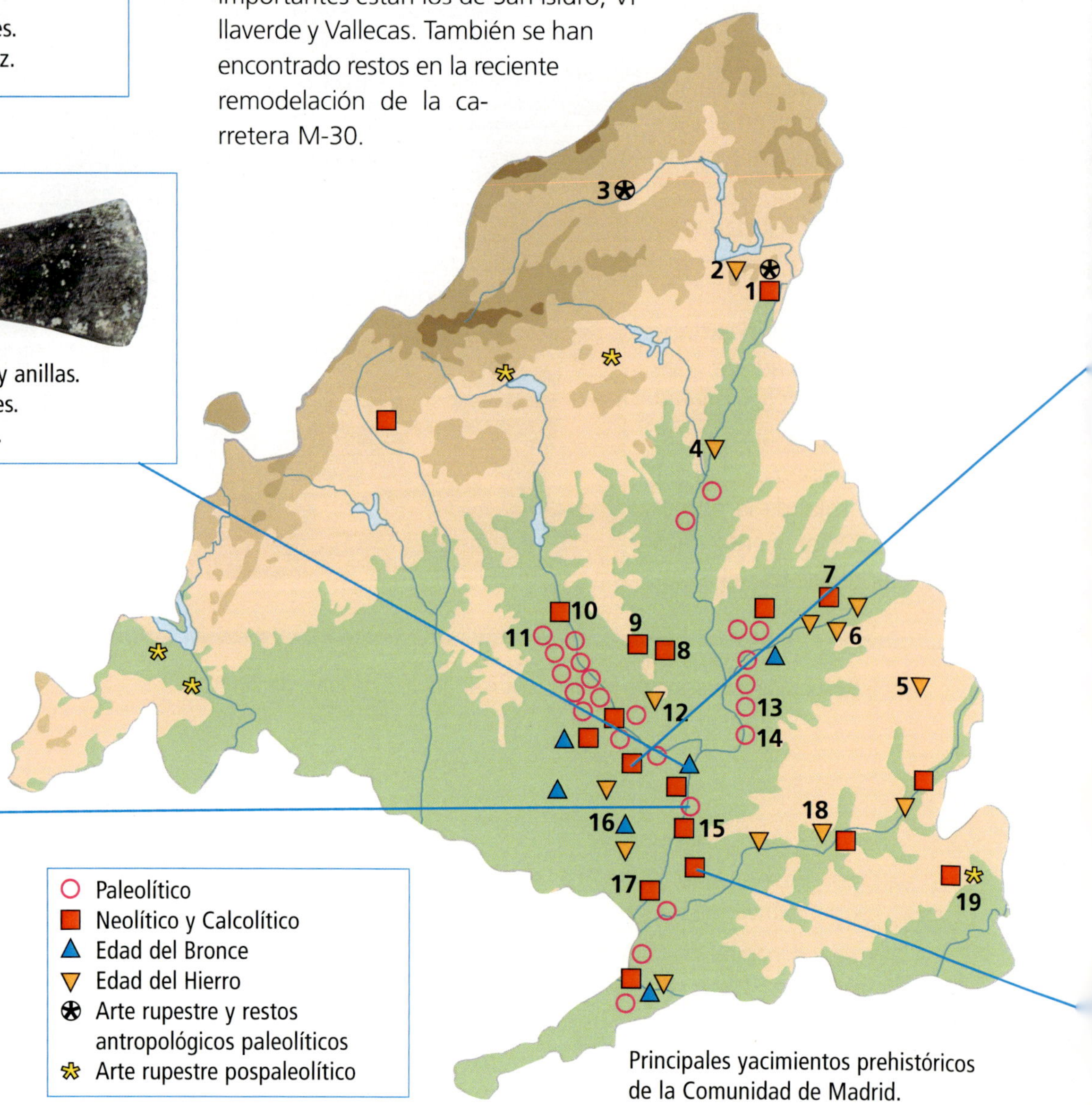

Principales yacimientos prehistóricos de la Comunidad de Madrid.

Del **Paleolítico Medio** se han hallado dos molares de neandertales, de hace unos 350.000 años. Entre los yacimientos más destacados está el de Butarque, con abundante industria lítica. En cuanto al **Paleolítico Superior,** parece haber habido un menor poblamiento, porque hay pocos yacimientos, aunque con útiles más sofisticados, como hendedores y puntas de flecha. Además, han aparecido **algunas pinturas rupestres en la Cueva del Reguerillo,** cerca del pueblo de Patones.

4.2. Del Neolítico a la Edad del Hierro

Durante el **Neolítico,** a partir del VI milenio a.C., se establecieron los **primeros poblados.** Eran pequeñas aldeas, en su mayoría en las **terrazas del Jarama,** en las que se cultivaban cereales y leguminosas y se practicaba la ganadería de cabras y ovejas. Entre los yacimientos más importantes están los de Villaverde, en el valle del Manzanares, y el de O´Donnell, que corresponde al valle del Abroñigal.

Ese tipo de poblado se hizo más abundante en las Edades del Cobre y del Bronce, entre el 2500 y el 1000 a.C. Se han conservado algunos fondos de cabaña que demuestran que eran ya construcciones sólidas y organizadas. En el yacimiento de Pista de Motos, en Villaverde, se han encontrado restos que abarcan desde el Calcolítico a la Edad del Hierro, con fosas de inhumación y silos para el almacenamiento de grano.

También aparecen cerámicas, como los **vasos campaniformes de Ciempozuelos.** Aunque conocían los metales, los restos encontrados son muy escasos.

Usera. Cerámica. Sepultura del arenero de Valdivia. Neolítico, 4.500-3.500 a.C.

Vasija campaniforme de Ciempozuelos. Calcolítico, 2200-1700 a.C.

ACTIVIDADES

10 Los principales hallazgos del Paleolítico se han encontrado en las terrazas ¿de qué ríos? ¿Para qué eran utilizadas? Nombra los yacimientos más importantes del Paleolítico Inferior.

11 Los restos encontrados del Paleolítico Medio ¿a qué tipo de homínido pertenecen? Escribe lo que sepas sobre el Paleolítico Superior.

12 Las aldeas neolíticas ¿dónde estaban situadas? ¿Qué se cultivaba en ellas? Nombra los yacimientos más importantes.

5 De la Edad del Hierro al dominio romano

5.1. Los celtíberos

En **la Edad del Hierro,** ya en el I milenio a.C., la región de **Madrid** estuvo habitada por una tribu celtíbera, los **carpetanos.**

Se asentaban de forma dispersa, aunque con preferencia en lugares elevados, y sobre todo en la región suroriental, próxima al Jarama.

Los carpetanos vivían también del cultivo del cereal, de la ganadería y de la caza. Conocían la cestería y fabricaban cerámicas con torno. También elaboraban tejidos. En cuanto al hierro, los escasos objetos encontrados proceden de intercambios con otros pueblos.

1. Calzada romana de Galapagar.
2. Hábitat carpetano de Miralrío (Rivas-Vaciamadrid).
3. Complutum (Alcalá de Henares).
4. Castro carpetano Llano de la Horca (Santorcaz).
5. Villa romana (Valdetorres del Jarama).
6. Yacimiento carpetano de Titulcia.
7. Calzada romana de Cercedilla.

5.2. La región durante el dominio romano

Durante la **dominación romana,** el **área madrileña** formaba parte de la provincia **Citerior.**

Existen referencias de varias ciudades, entre las que destacaba **Complutum,** la actual Alcalá de Henares, así como **Titulcia** y **Miaccum,** una ciudad mencionada

Calzada romana de Cercedilla

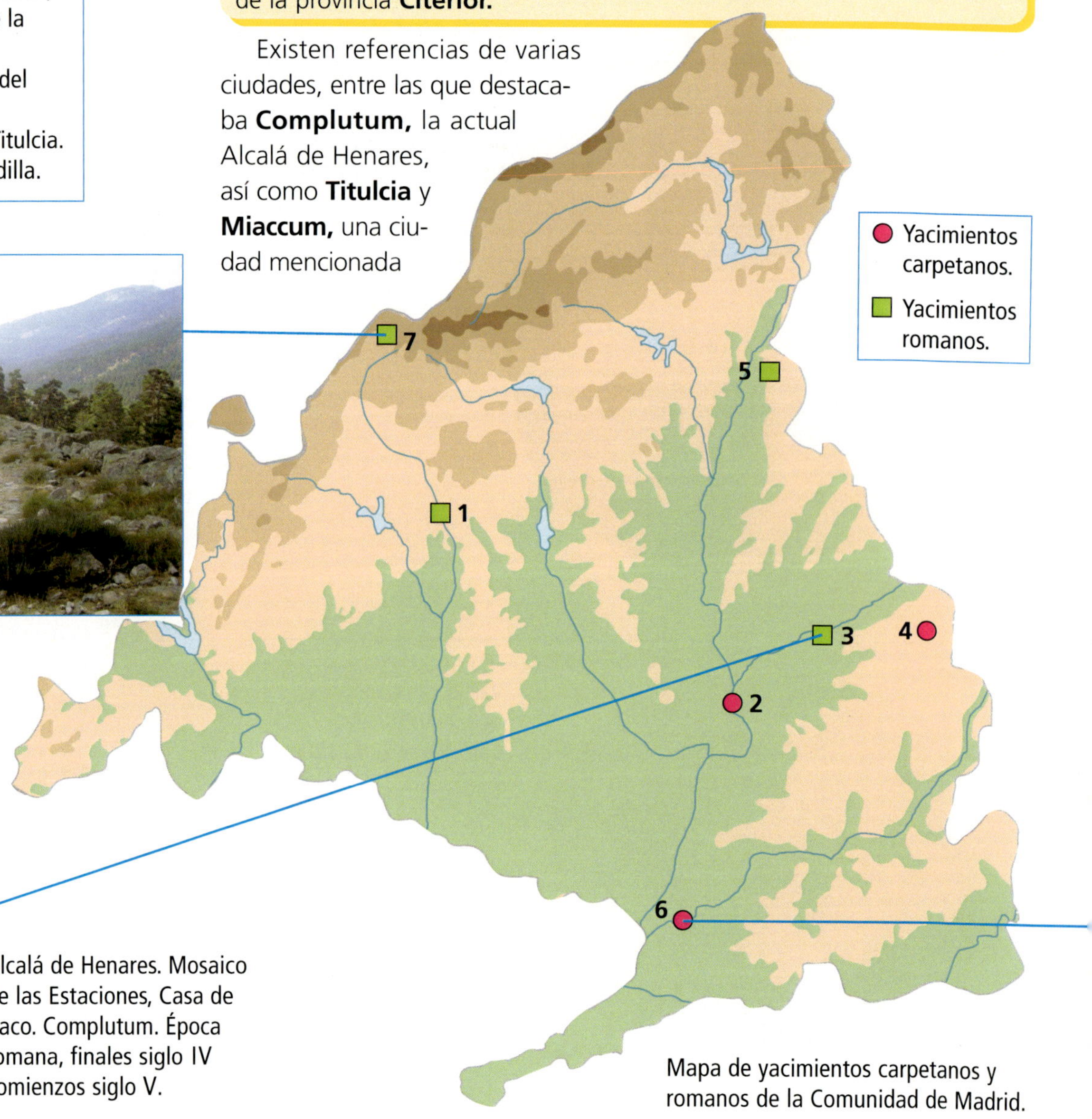

Mapa de yacimientos carpetanos y romanos de la Comunidad de Madrid.

Alcalá de Henares. Mosaico de las Estaciones, Casa de Baco. Complutum. Época romana, finales siglo IV comienzos siglo V.

por las fuentes romanas y que estaría en la ubicación actual de Madrid. Se han encontrado restos de una villa romana en la reciente remodelación de la M-30. Gracias a los pasos de montaña de la sierra, la zona estuvo surcada por algunas de las calzadas más importantes construidas por Roma, como la que unía Emerita Augusta (Mérida) con Caesaraugusta (Zaragoza). Entre los restos mejor conservados está el del tramo que atravesaba el puerto de la Fuenfría, en la sierra de Guadarrama.

La ciudad de Complutum

La ciudad de Complutum debió de ser, probablemente, la más importante de la región durante la época romana. Aunque hay indicios de ocupación anteriores, la ciudad propiamente dicha fue fundada en el siglo I d.C. El territorio de la ciudad, *ager,* abarcaría una parte considerable de la actual provincia de Madrid.

Su nombre parece derivar del verbo *compluere,* confluir, y haría referencia a la ubicación, en la conexión entre el río Henares y varios afluentes menores. Además, estaba situada cerca de varias calzadas. La **abundancia de agua** y la **fácil comunicación,** por tanto, habrían sido las razones de la elección del lugar.

Construida siguiendo las trazas habituales del campamento romano, es decir, un rectángulo atravesado por dos ejes perpendiculares entre sí, *cardo* y *decumana,* parece que tuvo su época de mayor prosperidad en los últimos siglos del Imperio, cuando la decadencia afectaba a la mayor parte del territorio romano.

Los **restos** están **muy deteriorados,** tanto por los expolios realizados durante siglos como por construcciones de hace algunas décadas que han destruido la base arqueológica. Sólo recientemente se ha comenzado a preservar. Entre los restos encontrados destacan los **baños** y la llamada **Casa de los Grifos,** que debió de ser una de las principales mansiones de la ciudad y en la que se han conservado algunos mosaicos con motivos arquitectónicos y mitológicos.

Basílica de Complutum.

Yacimiento carpetano de Titulcia

Actividades

13 ¿Quiénes eran los carpetanos? ¿Dónde se asentaron? ¿De qué vivían? ¿Cómo obtenían el hierro?

14 ¿A qué provincia romana pertenecía la Comunidad de Madrid? ¿A qué otras ciudades hace referencia el epígrafe 5.2.? ¿Existía ya Madrid en época romana?

15 Escribe lo que sepas sobre las calzadas romanas en la Comunidad de Madrid.

Diseño interior: RAG
Diseño cubierta: Sergio Ramírez
Ilustraciones: KUBICARTE
Cartografía: BCMaps

Sector Foresta, 1
28760 Tres Cantos
Madrid - España

Tel.: 918 061 996
Fax: 918 044 028

www.akaleducacion.com
www.akal.com

ISBN de Obra completa: 978-84-460-2725-6
ISBN de este volumen: 978-84-460-3450-6
Depósito legal: M-30.893-2011

Impreso en Fernández Ciudad, S. L.
Pinto (Madrid)